GOUVERNEMENT GÉNÉRAL DE L'ALGÉRIE

## DÉPARTEMENT D'ORAN

# BUDGET DÉPARTEMENTAL

### DES

## RECETTES ET DES DÉPENSES

## EXERCICE 1885

ORAN

IMPRIMERIE ARTHUR-JEAN CHAZEAU

3, BOULEVARD OUDINOT, 3

1885

DÉPARTEMENT D'ORAN

# BUDGET DÉPARTEMENTAL

DES

## RECETTES ET DES DÉPENSES

## EXERCICE 1885

ORAN
IMPRIMERIE ARTHUR-JEAN CHAZEAU
3, BOULEVARD OUDINOT, 3

1885

# TABLE DES MATIÈRES

## BUDGET ORDINAIRE



## BUDGET EXTRAORDAINIRE



DÉPENSES.

# RECETTES DÉPARTEMENTALES ORDINAIRES

| DÉSIGNATION DES RECETTES | SOMMES ALLOUÉES au Budget de 1884 soit par le décret de règlement, soit par décisions modificatives | SOMMES VOTÉES par le Conseil général | RÈGLEMENT | |
|---|---|---|---|---|
| | | | SOMMES ALLOUÉES | OBSERVATIONS |
| **RECETTES DE 1885** | | | | |
| ARTICLE PREMIER. — Part revenant au Département sur les produits de l'impôt arabe . . . . . . . . . . . . . . . . | 1.410.000 » | 1.380.000 » | 1.380.000 » | Ce chiffre représente la moyenne des recettes effectuées de 1879 à 1883. |
| ART. 2. — Produits éventuels du budget ordinaire : | | | | |
| 1° Revenus des propriétés départementales. (Décret du 23 septembre 1875, art. 58, § 4) : | | | | |
| Loyers de terrains et de bâtiments . . . . . . . | | | | |
| Intérêts de capitaux et arrérages de rentes appartenant au département . . . . . . . . . | | | | |
| Revenus de la pépinière départementale . . . . | | | | |
| Revenus d'établissements d'eaux minérales . . . | 240 » | » | » | |
| Vente d'arbres abattus ou élagués . . . . . . . | | | | |
| Vente de chevaux, taureaux, etc. . . . . . . . | | | | |
| Vente de cartes topographiques et de l'inventaire des archives. . . . . . . . . . . . . . . . | | | | |
| 2° Produit des expéditions d'anciennes pièces ou d'actes de la préfecture, déposés aux archives. (Décret du 23 septembre 1875, art. 58, § 5) . . . . . . . . . . . . . . . . . . | 70 » | 70 » | 70 » | |
| 3° Produit des droits de péage et des autres droits concédés au Département. (Décret du 23 septembre 1875, art. 58, § 6) : | | | | |
| Bacs et passages d'eau situés sur les routes départementales. . . . . . . . . . . . . . . | | | | |
| Péages sur les routes départementales . . . . . | | | | |
| Amendes pour contravention en matière de roulage. (Décret du 3 novembre 1855). . . . . .      2.000 » | 12.400 » | 12.400 » | 12.400 » | |
| Amendes et confiscations affectées au service des enfants assistés. (Arrêté du 25 floréal, an VIII, ordonnance du 30 décembre 1823 et loi du 5 mai 1869). . . . . . . . . . . . . . . . .   10.000 » | | | | |
| Attributions sur amendes en matière de licences.   400 » | | | | |
| 4° Subventions pour les dépenses du budget ordinaire : | | | | |
| Subventions allouées sur les fonds de l'État. (Décret du 23 septembre 1875, art. 58, § 7) . . . . . | | | | |
| Subventions de l'État pour le Service des enfants assistés. (Loi du 5 mai 1869) . . . . . . . .   1.800 » | | | | |
| Fondations, dons et legs spéciaux au profit des enfants assistés . . . . . . . . . . . . . .   » | | | | |
| Contingent des communes pour le même service.   20.000 » | 32.220 » | 29.800 » | 29.800 » | |
| Aliénés.{ Contingent des communes. . . . . . }  Contingent des familles . . . . . . }   6.000 » | | | | |
| Enfants du premier âge. (Loi du 23 décembre 1874).{ Subvention de l'État . . . Remboursement par les départements . . . . . | | | | |
| Subvention pour logement des officiers de gendarmerie . . . . . . . . . . . . . . . . .   2.000 » | | | | |
| A reporter. . . . . | 1.414.930 » | 1.422.270 » | 1.422.270 » | |

| DÉSIGNATION DES RECETTES | SOMMES ALLOUÉES au Budget de 1884 soit par le décret de règlement, soit par décisions modificatives | SOMMES VOTÉES par le Conseil général | RÈGLEMENT | |
|---|---|---|---|---|
| | | | SOMMES ALLOUÉES | OBSERVATIONS |
| *Report.* . . | 1.444.930 » | 1.422.270 » | 1.422.270 » | |
| 5. Ressources éventuelles du service vicinal et des chemins de fer d'intérêt local : | | | | |
| Chemins vicinaux de grande communication { Subvention de l'Etat . . Contingents et offres des communes, souscriptions particulières, subventions industrielles, bacs et passages d'eau. | | | | |
| Chemins vicinaux d'intérêt commun { Subvention de l'Etat. . . Contingents et offres des communes, souscriptions particulières, et subventions industrielles . . . . . . . . . . | 218.211 » | 226.795 » | 226.795 » | |
| Chemins ordinaires { Subventions de l'Etat . . . Contingents et offres des communes. (Loi spéciale du　　) | | | | |
| Contingents des communes pour les dépenses qui intéressent les trois catégories de chemins vicinaux. . . . . . . . . . . . . . . . . . . . 226.795 » | | | | |
| Chemins de fer { Subvention de l'Etat. . . Contingent des communes. . . . . . . . . Souscriptions particulières. . . . . . . . | | | | |
| 6· Remboursement d'avances : | | | | |
| Remboursement des avances faites pour travaux d'intérêt public . . . . . . . . . . . . . . . 5.000 » | | | | |
| Retenues afférentes aux coupons des obligations départementales; droits de transferts, etc. (Loi du 29 juin 1872) . . . . . . . . . . . . . . | 3.100 » | 5.100 » | 5.100 » | |
| Remboursement des avances faites pour les enfants admis à l'assistance départementale. . . 100 » | | | | |
| Reversements pour trop-payé sur les ressources ordinaires. . . . . . . . . . . . . . . . . . | | | | |
| 7· Remboursement de frais de transport d'indigents. . . . . . . . . . . . . . . . . . . . . | 200 » | 200 » | 200 » | |
| 8· Part contributive de l'Etat et des communes dans les dépenses d'entretien des vieillards et des incurables . . . . . . . . . . . . . . . . | 50.000 » | 55.000 » | 55.000 » | |
| *Total des recettes du Budget ordinaire.* . . | 1.716.441 » | 1.709.365 » | 1.709.365 » | |

# DÉPENSES DÉPARTEMENTALES ORDINAIRES

| DÉSIGNATION DES DÉPENSES | SOMMES ALLOUÉES au budget de 1884 soit par le décret de règlement, soit par décisions modificatives | SOMMES votées par le Conseil général | RÈGLEMENT | |
|---|---|---|---|---|
| | | | SOMMES ALLOUÉES | OBSERVATIONS |

### SOUS-CHAPITRE 1ᵉʳ

## Dépenses Obligatoires

(Décret du 23 septembre 1875, articles 60 et 61)

#### Hôtel de Préfecture et de Sous-Préfectures

| | SOMMES ALLOUÉES au budget de 1884 | SOMMES votées par le Conseil général | SOMMES ALLOUÉES | OBSERVATIONS |
|---|---|---|---|---|
| ART. 1ᵉʳ. — Entretien des bâtiments de l'hôtel et des bureaux de la préfecture. . . . . . . . . . . . . . . . . . . . | 4.000 » | 4.000 » | 4.000 » | |
| ART. 2. — Entretien des hôtels et des bureaux de sous-préfectures, savoir : | | | | |
| Arrondissement de Mostaganem . . . . . . 1.200 » | | | | |
| Id. de Tlemcen . . . . . . . . 1.500 » | 3.200 » | 3.200 » | 3.200 » | |
| Id. de Mascara . . . . . . . 500 » | | | | |
| ART. 3. — Loyer de l'hôtel et des bureaux de la préfecture. . . | 4.650 50 | 4.650 50 | 4.650 50 | |
| ART. 4. — Loyer de l'hôtel et des bureaux de la sous-préfecture de Sidi-bel-Abbès. . . . . . . . . . . . . . . . . . . | 3.001 » | 3.001 » | 3.001 » | |
| ART. 5. — Réparations locatives aux bâtiments de la sous-préfecture de Sidi-bel-Abbès . . . . . . . . . . . . . . . | 300 » | 300 » | 300 » | |

#### Mobilier des hôtels de Préfecture et de Sous-Préfectures

#### Hôtel de Préfecture

La valeur du mobilier de la préfecture, reconnue par récolement d'inventaire, était au 1ᵉʳ janvier 1883 de . . . . . . . . . . . . . . 92.756 33

Alloué pour augmentation au budget de 1883. . . . . . . . . . . . 5.105 95      } 97.864 28

A déduire la valeur du mobilier réformé en 1882.   1.948 60

Valeur au 31 décembre 1883.   95.927 15

| | SOMMES ALLOUÉES au budget de 1884 | SOMMES votées par le Conseil général | SOMMES ALLOUÉES | OBSERVATIONS |
|---|---|---|---|---|
| ART. 6. — { Acquisition . . . . . . . . . . . . . / Réparations extraordinaires . . . . . { / Entretien . . . . . . . . . . . . . (   4.500 » | 4.500 » | 4.800 » | 4.800 » | |

#### Hôtels de Sous Préfectures

| ARRONDISSEMENTS | VALEUR du mobilier au 31 décembre 1883 | CRÉDITS votés pour entretien et acquisitions | | | | |
|---|---|---|---|---|---|---|
| Mostaganem. . . . . . . | 20.319 95 | 900 | | | | |
| ART. 7. —   Tlemcen. . . . . . . . | 14.493 78 | 700 | 2.600 » | 2.600 » | 2.600 » | |
| Mascara. . . . . . . . | 14.000 41 | 500 | | | | |
| Sidi-bel-Abbès. . . . . | 15.517 80 | 500 | | | | |

| | SOMMES ALLOUÉES au budget de 1884 | SOMMES votées par le Conseil général | SOMMES ALLOUÉES | OBSERVATIONS |
|---|---|---|---|---|
| *A reporter.* . . . | 22.251 50 | 22.551 50 | 22.551 50 | |

| DÉSIGNATION DES DÉPENSES | SOMMES ALLOUÉES au Budget de 1884 soit par le décret de règlement, soit par décisions modificatives | SOMMES VOTÉES par le Conseil général | RÈGLEMENT | |
|---|---|---|---|---|
| | | | SOMMES ALLOUÉES | OBSERVATIONS |
| *Report.* . . . | 22.251 50 | 22.551 50 | 22.551 50 | |
| **Service départemental de l'Instruction publique** | | | | |
| ART. 8. — Loyer et entretien du bureau de l'Inspecteur d'académie. . . . . . . . . . . . . . . . . . . . . . . | 1.200·50 | 1.200 50 | 1.200 50 | |
| ART. 9 — Mobilier du local affecté au Service de l'instruction publique : | | | | |
| .Acquisitions. . . . . . . . . . . . . . | | | | |
| Réparations extraordinaires . . . . . . . . . . . . . | 50 » | 50 » | 50 » | |
| Entretien . . . . . . . . . . . . . . | | | | |
| **Casernement ordinaire des brigades de gendarmerie** | | | | |
| ART. 10. — Entretien des casernes appartenant au Département et situées dans les villes ou communes ci-après : | | | | |

Saint-Cloud . . 300 »   |   Tiaret. . . . . . 400 »
Lourmel . . . . 300 »   |   Oued – El – Hammam . . . . . 500 »
Aïn-el-Arba . . 500 »   |   Zelamta. . . . 200 »
Saint-Louis. . . 300 »   |   Remchi . . . . . 200 »
Arzew . . . . 30J »   |   Sebdou . . . . . 300 »
Mostaganem (ville) . . . . . 800 »   |   Ammi-Moussa. . 300 »
La Macta. . . . 300 »   |   Frendah. . . . . 200 »
Aïn-Tédelès . . 500 »   |   Cassaigne . . . . 300 »
Aïn-Nouissy . . 500 »   |   Mers-el-Kebir. . 200 »
Zemmorah . . . 500 »   |   Oued-Imbert. . . 600 »
Misserghin . . . 800 »   |   Hennaya. . . . . 500 »
Sig. . . . . . . 300 »   |   Les Andalouses . 200 »
Inkermann . . . 600 »   |   Marnia . . . . . 300 »
Perrégaux . . . 700 »   |   Saïda . . . . . . 200 »
Relizane . . . . 600 »   |   Aïn-Fekan . . . 200 »
Mascara . . . . 1.000 »   |   Mendez . . . . . 200 »
Pont-de-l'Isser . 800 »   |   Palikao . . . . . 200 »
Tlemcen . . . . 2.000 »   |   Aboukir . . . . . 200 »
Nemours . . . . 300 »   |   Thiersville. . . . 200 »
Aïn-Témouchent 500 »   |   Aïn-Sefra . . . . 200 »
Bel-Abbès. . . . 600 »   |   Daya . . . . . . 200 »
Sainte-Barbe-du-Tlélat . . . . 600 »   |   Aïn-el-Hadjar. . 200 »
Mercier-Lacombe 600 »   |   Boukanéfis . . . 200 »
Lamoricière . . . 300 »   |   Le Telagh. . . . 300 »
L'Hillil . . . . . 300 »   |
Renault . . . . . 600 »   |

| | | | | |
|---|---|---|---|---|
| | 20.000 » | 21.400 » | 21.400 » | |
| ART. 11. — Loyer des casernes au nombre de 10. . . . . . . | 27.242 » | 25.367 » | 25.367 » | |

GENDARMERIES D'ORAN :

Saint-Antoine. . 14.000 »
La Marine . . . 2.400 »
Karguentah . . 2.200 »

GENDARMERIES

de Bougnirat . . 2.000 »
de Oued-Taria . 300 »

A *reporter.* 20.900 »

*Report.* . . 20.900 »
de Chanzy. . . . 2.000 »
de la Raouia. . . 600 »
de Beni-Saf . . . 1.500 »
de Temda (abri) . 360 ,

Timbres de quittances . . . . 7 »

TOTAL . . . 25.367 »

| | | | | |
|---|---|---|---|---|
| ART. 12. — Réparations locatives aux casernes de gendarmerie. | 3.000 » | 3.000 » | 3.000 » | |
| ART. 13. — Eclairage des casernes. Remplacement des drapeaux placés sur ces bâtiments. . . . . . . . . . . . . . | 2.500 » | 2.500 » | 2.500 » | |
| Art. 13 *bis.* — Indemnité de literie aux militaires admis dans la gendarmerie. (Décret du 18 février 1863, avis du Conseil d'Etat du 11 mars 1875) . . . . . . . . . . . . | » | » | « | |
| ART. 14. — Alimentation en eau potable des casernes de gendarmerie . . . . . . . . . . . . . . . . . . . . . . . | » | 1.500 » | 1.500 » | |
| *A reporter.* . . . | 76.244 » | 77.569 » | 77.569 » | |

| DÉSIGNATION DES DÉPENSES | SOMMES ALLOUÉES au Budget de 1884 soit par le décret de règlement, soit par décisions modificatives | SOMMES VOTÉES par le Conseil général | RÈGLEMENT SOMMES ALLOUÉES | OBSERVATIONS |
|---|---|---|---|---|
| *Report* . . . . | 76.244 » | 77.569 » | 77.569 » | |
| **Cours d'assises, Tribunaux, Justices de paix** | | | | |
| Art. 15. — Entretien des bâtiments occupés par les tribunaux, savoir : | | | | |
| Tribunal d'Oran . . . . . . . . . . . . . 1.500 » | | | | |
| id. de Mostaganem . . . . . . . . . 800 » | | | | |
| id. de Tlemcen . . . . . . . . . . . 1.000 » | 4.300 » | 4.300 » | 4.300 » | |
| id. de Mascara . . . . . . . . . 1.000 » | | | | |
| id de Sidi-bel-Abbès . . . . . . . . 1.000 » | | | | |
| Art. 16. — Loyer des bâtiments occupés par les tribunaux : | | | | |
| Tribunal d'Oran (2ᵉ chambre) . . . . . . . 1.100 » | | | | |
| id. de commerce d'Oran . . . . . . . 3.200 » | | | | |
| id. musulman de Ste-Barbe-du-Tlélat. 450 » | | | | |
| id. id. d'Aïn-Témouchent . . . 600 » | | | | |
| id. id. de Saint-Denis du Sig . 270 » | | | | |
| id. id. d Aïn-Tédelés . . . . 216 » | | | | |
| id. id de Mazouna . . . . . 300 » | | | | |
| id. id. d'Aïn-Nouïssy . . . . . 180 » | | | | |
| id. id. de Tlemcen . . . . . . 1.000 » | | | | |
| id. id. de Lamoricière . . . . 180 » | | | | |
| id. id. de l'Oued-Taria . . . . 200 » | | | | |
| id. id. de Perrégaux . . . . . 240 » | | | | |
| id. id. de Relizane . . . . . 200 » | | | | |
| id. id. d'Hennaya . . . . . . 300 » | | | | |
| id. id. de Mostaganem . . . . 400 » | | | | |
| id. id. de Bouguirat . . . . . 300 » | | | | |
| id. id. de Cassaigne . . . . . 180 » | | | | |
| id. id. d'Aïn-el-Arba . . . . . 240 » | | | | |
| id. id. de Sidi-bel-Abbès . . . 720 » | | | | |
| id. id. de Sebdou . . . . . . 240 » | | | | |
| id. id. de Zemmorah . . . . . 480 » | | | | |
| id. id. d'Ammi-Moussa . . . . 180 » | | | | |
| id. id. de Sidi-Snoussi . . . . 180 » | | | | |
| id. id. de Frendah . . . . . . 180 » | | | | |
| id. id. de Tiaret . . . . . . . 360 » | | | | |
| id. id. de Haddad . . . . . . 180 » | | | | |
| id. id. de Saïda . . . . . . . 500 » | | | | |
| id. id. de Beni-Riman . . . . 180 » | 14.108 » | 13.468 » | 13.648 » | |
| id. id. de Nemours et Nédromah 500 » | | | | |
| id. id. de Mercier-Lacombe . . 200 » | | | | |
| id. id. de Marnia . . . . . . 180 » | | | | |
| Timbres de quittances . . . . . . . . . . . 12 » | | | | |
| *A reporter* . . . . | 94.652 » | 95.517 » | 95.517 » | |

| DÉSIGNATION DES DÉPENSES | SOMMES ALLOUÉES au Budget de 1884 soit par le décret de règlement, soit par décisions modificatives | SOMMES VOTÉES par le Conseil général | RÉGLEMENT | |
|---|---|---|---|---|
| | | | SOMMES allouées | OBSERVATIONS |
| *Report.* . . . | 94.652 » | 95.517 » | 95.517 » | |
| ART. 17. — Entretien du mobilier de la cour d'Assises et des tribunaux (non compris le greffe et ses accessoires) : | | | | |
| Tribunal civil d'Oran. . . . . . . . . . . . | 200 » | | | |
| id.　　de Mostaganem, . . . . . . . | 150 » | | | |
| id.　　de Tlemcen . . . . . . . . . | 150 » | | | |
| id.　　de Mascara . . . . . . . . . | 150 » | | | |
| id.　　de Bel-Abbès . . . . . . . . | 150 » | | | |
| id.　　de commerce d'Oran . . . . . | 100 » | | | |
| Pour 31 mahakmas à 40 francs chacune. . . | 1.240 » | 2.155 » | 2.155 » | 2.155 » | |
| Timbres de quittances . . . . . . . . . . . | 15 » | | | |
| ART. 18. — Achat de meubles pour le tribunal : | | | | |
| d'Oran . . . . . . . . . . . . . . | 300 » | | | |
| de Tlemcen . . . . . . . . . . . . . | 150 » | | | |
| de Mostaganem . . . . . . . . . . . | 150 » | | | |
| de Mascara . . . . . . . . . . . . | 100 » | | | |
| de Sidi-bel-Abbès . . . . . . . . | 2.100 » | | | |
| de Commerce d'Oran. . . . . . . . | 100 » | 4.757 » | 2.905 » | 2.905 » | |
| Timbres de quittances . . . . . . . . . . . | 5 » | | | |
| ART. 19. — Menues dépenses de la Cour d'Assises et des tribunaux : | | | | |
| Cour d'assises d'Oran . . . . . . . . . . . | 500 » | | | |
| Tribunal civil d'Oran { 1° Siège . . . . . . .(1) | 2.200 » | | | |
| 2° Parquet, y compris 150 francs pour frais d'assistance judiciaire. . . | 1.600 » | | | |
| Tribunal de commerce d'Oran. . . . . .(2) | 450 » | | | |
| Tribunal civil de Mostaganem { 1° Siège . . . . . . .(3) | 950 » | | | |
| 2° Parquet, y compris 150 francs pour frais d'assistance judiciaire. . . | 1.400 » | | | |
| Tribunal civil de Tlemcen { 1° Siège . . . . . . .(4) | 925 » | | | |
| 2° Parquet, y compris 150 francs pour frais d'assistance judiciaire. . . | 1.400 » | 11.640 » | 15.635 » | 15.635 » | |
| Tribunal civil de Mascara { 1° Siège . . . . . . .(4) | 925 » | | | |
| 2° Parquet, y compris 150 francs pour frais d'assistance judiciaire. . . | 1.400 » | | | |
| Tribunal civil de Bel-Abbès { 1° Siège . . . . . . .(5) | 2475. » | | | |
| 2° Parquet, y compris 150 francs pour frais d'assistance judiciaire. . . | 1.400 » | | | |
| Timbres de quittances . . . . . . . . . . . | 10 » | | | |
| *A reporter.* . . | 113.174 » | 116.212 » | 116.212 » | |

(1) Y compris 300 fr. pour l'éclairage et 600 fr. pour les bibliothèques.

(2) Y compris 250 fr. pour la bibliothèque.

(3) Y compris 100 fr pour l'éclairage des bâtiments et 250 pour les bibliothèques.

(4) Id.　75 fr. pour l'éclairage, et 250 pour les bibliothèques.

(5) Id.　75 pour l'éclairage, et 1.800 pour les bibliothèques.

| DÉSIGNATION DES DÉPENSES | SOMMES ALLOUÉES au Budget de 1884 soit par le décret de règlement, soit par décisions modificatives | SOMMES VOTÉES par le Conseil général | RÈGLEMENT | |
|---|---|---|---|---|
| | | | SOMMES ALLOUÉES | OBSERVATIONS |
| *Report* . . . . . | 113.174 » | 116.212 » | 116.212 » | |
| ART. 20. — Rétributions des concierges et chaouchs des tribunaux : | | | | |
| Tribunal civil d'Oran, 1 concierge. .   1.000 » | | | | |
| Id.   2 chaouchs à 900 fr.   1.800 » | | | | |
| Tribunal de commerce d'Oran, 1 concierge . . . . . . . . . . . .   800 » | | | | |
| 1 chaouch. . . . . . . . . . .   800 » | | | | |
| Tribunal civil de Mostaganem, 1 concierge . . . . . . . . . .   800 » | | | | |
| 1 chaouch . . . . . . . . . .   800 » | | | | |
| Tribunal civil de Tlemcen, 1 concierge   800 » | 11.700 » | 10.815 » | 10.815 » | |
| Id.   id.   1 chaouch.   800 » | | | | |
| Id.   de Mascara, 1 concierge   800 » | | | | |
| Id.   id.   1 chaouch.   800 » | | | | |
| Id.   de Bel-Abbès, 1 concierge   800 » | | | | |
| Id.   id.   1 chaouch.   800 » | | | | |
| Timbres de quittances . . . . . . . . .   15 » | | | | |

ART. 21. — Menues dépenses des justices de paix :

| | | | Report | 2.250 » |
|---|---|---|---|---|
| Oran . . . . . | 100 » | Cassaigne . . . | 125 » | |
| Mostaganem . . | 100 » | Daya . . . . . | 125 » | |
| Mascara. . . . | 100 » | Zemmorah. . . | 125 » | |
| Tlemcen. . . . | 125 » | Frendah. . . . | 125 » | |
| Saint-Denis-du-Sig . . . . . | 150 » | Palikao . . . . | 125 » | |
| Saint-Cloud . . | 125 » | Remchi . . . . | 125 » | |
| Sidi-bel-Abbès. | 100 » | Ammi-Moussa . | 125 » | |
| Tiaret . . . . | 125 » | Aïn-el-Arba. . | 125 » | |
| Aïn — Témouchent. . . . . | 150 » | Lourmel. . . . | 325 » | |
| Relizane. . . . | 150 » | Boukanéfis. . . | 125 » | |
| Saïda . . . . . | 250 » | Mercier — Lacombe. . . . | 125 » | |
| Tlélat . . . . | 125 » | Géryville . . . | 125 » | |
| Perrégaux. . . | 150 » | Aïn-Sefra . . . | 125 » | |
| Inkermann. . . | 125 » | Mecheria . . . | 125 » | |
| Nemours. . . . | 125 » | Marnia . . . . | 125 » | |
| Lamoricière. . | 125 » | Aflou . . . . . | 250 » | |
| Sebdou . . . . | 125 » | Kreider . . . . | 250 » | |
| | | Timbres de quittances. . | 25 » | |
| *A reporter*   2.250 » | | TOTAL. . . | 4.850 » | |

Art. 21 — montants :   4.050 »    4.850 »    4.850 »

Art. 22. — Rétributions des Chaouchs des justices de paix :

| | | | Report | 9.600 » |
|---|---|---|---|---|
| Oran . . . . . | 600 » | Lamoricière . . | 600 » | |
| Mostaganem . . | 600 » | Cassaigne. . . | 600 » | |
| Mascara. . . . | 600 » | Seb-lou . . . . | 600 » | |
| Tlemcen. . . . | 600 » | Frendah. . . . | 600 » | |
| St-Denis du Sig | 600 » | Palikao . . . . | 600 » | |
| Saint-Cloud . . | 600 » | Remchi . . . . | 600 » | |
| Sidi-bel-Abbès. | 600 » | Ammi-Moussa. | 600 » | |
| Tiaret . . . . | 600 » | Aïn-el-Arba. . | 600 » | |
| Aïn — Témouchent.. . . . | 600 » | Lourmel. . . . | 600 » | |
| Zemmorah. . . | 600 » | Boukanéfis . . | 600 » | |
| Relizane. . . . | 600 » | Mercier — Lacombe. . . . | 600 » | |
| Saïda . . . . . | 600 » | | | |
| Tlélat . . . . | 600 » | | | |
| Perrégaux. . . | 600 » | | | |
| Inkermann . . | 600 » | | | |
| Nemours . . . | 600 » | Timbres de quittance . . | 30 » | |
| *A reporter.*   9.600 » | | | | |

Art. 22 — montants :   16.230 »    »    16.230 »

| | | | |
|---|---|---|---|
| *A reporter* . . . | 115.164 » | 131.877 » | 118.107 » |

| DÉSIGNATION DES DÉPENSES | SOMMES ALLOUÉES au Budget de 1884 soit par le décret de règlement, soit par décisions modificatives | SOMMES VOTÉES par le Conseil général | RÈGLEMENT | |
|---|---|---|---|---|
| | | | SOMMES ALLOUÉES | OBSERVATIONS |
| *Report* . . . . . | 115.164　» | 131.877　» | 148.107　» | |
| ART. 23. — Location du terrain sur lequel doit être édifié un asile pour les vieillards . . . . . . . . . . . . . | 100 10 | 1　» | 1　» | |
| **Frais d'impressions** | | | | |
| ART. 24. — Frais d'impression et de publication des listes pour les élections consulaires . . . . . . . . . . . . | 1.200　» | 1.200　» | 1.200　» | |
| Frais d'impression des cadres pour la formation des listes électorales et des listes du jury . . . . . . . . | | | | |
| **Dettes départementales** afférentes à des dépenses obligatoires | | | | |
| Art. 25. — Somme à valoir sur la dette du département envers le Trésor . . . . . . . . . . . . . . . . . | » | 100.000　» | 100.000　» | |
| Articles non reproduits. . . . . . . . . . . . . . . . . | 2.288 10 | » | » | |
| *Total du Sous-chapitre 1ᵉʳ* . . . . | 148.692 20 | 223.078　» | 249.308　» | |

## SOUS-CHAPITRE II

**Propriétés départementales immobilières**
Travaux, acquisitions, échanges, etc.

On propose d'allouer au budget . . . . . . . .
ART. 1ᵉʳ. → Entretien des bâtiments des prisons :

| | | | | |
|---|---|---|---|---|
| Prison civile d'Oran . . . . . . . . . . . | 2.000　» | | | |
| id.　　de Tlemcen. . . . . . . . . . | 600　» | | | |
| id.　　de Mascara. . . . . . . . . | 600　» | | | |
| id.　　de Bel-Abbès . . . . . . . . | 500　» | | | |
| id.　　de Tiaret . . . . . . . . . | 400　» | | | |
| id.　　de Mostaganem . . . . . . . | 1.200　» | 6.500　» | 6.700　» | 6.700　» |
| id.　　du Sig . . . . . . . . . . . | 300　» | | | |
| id.　　de Nemours. . . . . . . . . | 200　» | | | |
| id.　　de Saïda. . . . . . . . . | 300　» | | | |
| id.　　d'Aïn-Témouchent . . . . . . | 200　» | | | |
| id.　　de Relizane. . . . . . . . . | 200　» | | | |
| id.　　d'Inkermann . . . . . . . . | 200　» | | | |

| *A reporter* . . . . . | 6.500　» | 6.700　» | 6.700　» | |
|---|---|---|---|---|

| DÉSIGNATION DES DÉPENSES | SOMMES ALLOUÉES au Budget de 1884 soit par le décret de règlement, soit par décisions modificatives | SOMMES VOTÉES par le Conseil général | RÈGLEMENT SOMMES ALLOUÉES | OBSERVATIONS |
|---|---|---|---|---|
| *Report.* . . . | 6.500 » | 6.700 » | 6.700 » | |
| Art. 2. — Réparations locatives aux bâtiments des prisons et geoles municipales prêtées par les communes. . . . . . . . | 300 » | 900 « | 900 » | |
| Art. 3. — Entretien des bâtiments de l'orphelinat des filles de Misserghin . . . . . . . . . . . . . . . . . . | 1.000 » | 1.000 » | 1.000 » | |
| Art. 4. — Entretien de l'école normale d'institutrices . . . . . | » | 500 » | 500 » | |
| Art. 5. — Entretien de l'asile des vieillards à l'hôpital civil. . . | » | 500 » | 500 » | |
| Art. 6. — Constructions et grosses réparations à divers bâtiments : <br> Grosses réparations à exécuter : <br> Gendarmerie d'Aïn-Nouissy . . . . . . . 700 » <br>    Id.    de Bel-Abbès . . . . . . . 600 » <br>    Id.    de Tiaret . . . . . . . . . 1.800 » <br>    Id.    de Télagh . . . . . . . . . 1.300 » | 14.800 » | 4.400 » | 4.400 » | |
| Art. 7. — Indemnité de 5 0/0 aux agents de la voirie chargés des bâtiments. . . . . . . . . . . . . . . . . . | 3.570 » | 4.600 » | 4.600 » | |
| Art. — Etablissement thermal d appartenant au département. . . . . . . . . . . . . . . | | | | |
| Art. — Pépinière départementale . . . . . . . . . . . . . | | | | |
| Art. 8. — Assurances des bâtiments départementaux contre les risques de l'incendie . . . . . . . . . . . . . . . . | 2.500 » | 2.500 » | 2.500 » | |
| Art. — Contributions dues pour les propriétés du département . . . . . . . . . . . . . . . . . . . . . . . | | | | |
| Art. 9. — Frais d'illumination des édifices, les jours de fêtes publiques. . . . . . . . . . . . . . . . . . . . | 5.000 » | 4.000 » | 4.000 » | |
| Art. 10. — Gages des concierges de préfecture et sous-préfectures. . . . . . . . . . . . . . . . . . . . | 5.010 » | 5.010 » | 5.010 » | |
| Art. 11. — Gages du jardinier de la préfecture et achats divers | 1.081 50 | 1.081 50 | 1.081 50 | |
| Art. 12. — Chauffage et éclairage des loges des concierges, des galeries et des couloirs de la préfecture. . . . . . . . | 600 » | 600 » | 600 » | |
| Art. 13. — Acquisition de l'immeuble Cauquil, affecté à l'école normale d'institutrices et travaux d'aménagement de cet immeuble . . . . . . . . . . . . . . . . . . . . . | » | 182.000 » | 182.000 » | |
| Articles non reproduits. . . . . . . . . . . . . . . . . | 75.000 » | » | » | |
| *Total du sous-chapitre II.* . . . . | 115.361 50 | 213.791 50 | 213.791 50 | |

| DÉSIGNATION DES DÉPENSES | SOMMES ALLOUÉES au budget de 1884 soit par le décret de règlement, soit par décisions modificatives | SOMMES VOTÉES par le Conseil général | RÈGLEMENT | |
|---|---|---|---|---|
| | | | SOMMES ALLOUÉES | OBSERVATIONS |

### SOUS-CHAPITRE III

#### Routes départementales

##### § 1er. — ENTRETIEN

La longueur totale des routes départementales dont le classe-
ment a été prononcé par décrets ou ordonnances, ou par
délibérations du Conseil général, est de. . . .   57 000   »

La longueur des routes arrivées à l'état d'entretien,
au 31 décembre 1883, était de. . . . . . . . .   46.500   »
Il a été ou sera construit dans la campagne de 1884,
en routes neuves. . . . . . . . . . . . . . .   4.500   »

La longueur des routes départementales à l'état
d'entretien, au 1er janvier 1885, sera de. . . .   51.000   »

Il est demandé, pour l'entretien de ces routes en 1885, une
somme de 40,000 francs, répartie conformément au cadre
ci-après :

| NUMÉROS D'ORDRE des routes | DÉSIGNATION de chaque route conforme à l'ordonnance au décret ou à la délibération qui en a prononcé le classement | Longueur totale en mètres | Longueur à l'état d'entretien | Longueur en construction | Longueur en lacune | ÉVALUATION de la dépense de l'année | |
|---|---|---|---|---|---|---|---|
| | | | | | | Travaux à forfait (A) | Entretien (B) |
| 1 | Mostaganem à Mascara | 57.000 | 51.000 | 6.250 | 350 | 25.000 | 15.000 |

(A) Entretien et réparations ordinaires de chaque route et des ouvrages d'art qui
en font partie.

(B) Entretien entre Perrégaux et Oued-el-Hammam.

| | | |
|---|---|---|
| 46.000 » | 40.000 » | 40.000 » |

##### § 2. CONSTRUCTIONS, GROSSES RÉPARATIONS, TRAVAUX NEUFS, AMÉLIORATIONS DES ROUTES DÉPARTEMENTALES

Indemnités pour dépossessions d'immeubles ; indemnités aux
ingénieurs et conducteurs,
personnel des conducteurs et agents secondaires

Il convient d'indiquer dans cette colonne, pour chaque route, le
montant des subventions communales ou particulières qu'elles
auraient obtenues, afin d'établir la concordance avec ses mêmes
subventions portées en recette, à la page 4 ; une accolade réunira
ces subventions au vote départemental pour chaque route, afin de
ne faire sortir qu'un chiffre dans les autres colonnes.
(Donner la situation des travaux adjugés, des indemnités de
terrains à payer, des crédits ouverts et de ceux qui restent à ou-
vrir dans la forme des exemples du sous-chapitre II )

| | | |
|---|---|---|
| *A reporter.* . . . .   46.000 » | 40.000 » | 40.000 » |

| DÉSIGNATION DES DÉPENSES | SOMMES ALLOUÉES au Budget de 1884 soit par le décret de règlement, soit par décisions modificatives | SOMMES VOTÉES par le Conseil général | RÈGLEMENT | |
|---|---|---|---|---|
| | | | SOMMES ALLOUÉES | OBSERVATIONS |
| *Report.* . . . | 46.000 » | 40.000 » | 40.000 » | |
| ART.   — Réserve pour travaux imprévus. . . . . . . . . . | | | | |
| ART.   — Traitements, salaires et frais de déplacement des conducteurs et autres agents attachés au service des routes départementales. . . . . . . . . . . | | | | |
| ART.   — Dépenses diverses : | | | | |
|     1· Loyers de bâtiments ou terrains, secours à des ouvriers blessés . . . | | | | |
|     2· Frais de levé de plans, d'expertise et de recherche de matériaux . . | | | | |
|       NOTA. — Cet article ne doit servir qu'aux dépenses qui y sont désignées. Chaque article de crédit, par route (et par pont ou autre ouvrage d'art lorsqu'il est crédité spécialement), reçoit l'imputation de toutes les autres dépenses, savoir : les travaux, les acquisitions, les indemnités de terrain, les frais accessoires et salaires des cantonniers et ouvriers supplémentaires, lorsqu'il y a lieu. | | | | |
| . — Indemnités proportionnelles à accorder aux ingénieurs des ponts et chaussées . . . . . . . . . | | | | |
| . — Indemnités extraordinaires pour les ingénieurs et conducteurs . . . . . . . . . . . . . . . | | | | |
| . — Frais de poursuites pour contraventions en matière de roulage sur les routes départementales. (Décret du 3 novembre 1855). | | | | |
| *Total du sous-chapitre III.* . . . | 46.000 » | 40.000 » | 40.000 » | |

## SOUS-CHAPITRE IV

**Chemins vicinaux, chemins de fer d'intérêt local**

### § 1er. — CHEMINS VICINAUX

Il est demandé, pour ce service, en 1885, une somme de. . . . . . . . . . . . . . . . . . 531.797 »

Savoir :

Sur le produit des centimes spéciaux . . . . . . . . » »
Sur les ressources éventuelles de la vicinalité . . . 226.797 »
Sur les autres ressources du budget ordinaire. . . 305.000 »

TOTAL ÉGAL . . . . . 531.797 »

**Chemins de grande communication**

La longueur des chemins de grande communication est de. . . . . . . . . . . . . . . . . . . 1.643.520ᵐ

Au 31 décembre 1883, la longueur parvenue à l'état d'entretien, était de . . . . . . . . . . . . . 567 525 »
Il a été ou sera construit en 1884 . . . . . . . . 36.340 »

La longueur des chemins de grande communication à l'état d'entretien, au 1er janvier 1885, sera de . 603.865ᵐ
Il est demandé pour les travaux de ces lignes une somme de. . . . . . . . . . . . . . . . 420.653 ᶠ

répartie conformément au cadre ci-après :

| N°ˢ des Articles | N°ˢ des chemins | DÉSIGNATION des CHEMINS | Sur la subvention du département | | Sur la subvention de l'Etat | | Contingents communaux, souscriptions, etc. | | TOTAL | | SOMMES ALLOUÉES au Budget de 1884 soit par le décret de règlement, soit par décisions modificatives | SOMMES VOTÉES par le Conseil général | RÈGLEMENT SOMMES ALLOUÉES | OBSERVATIONS |
|---|---|---|---|---|---|---|---|---|---|---|---|---|---|---|
| | | | Entretien | Trav. neufs | Entretien | Trav. neufs | Entretien | Trav. neufs | Entretien | Trav. neufs | | | | |
| 1 | 1 | Relizane à Tiaret . . | 50.000 | » | » | » | 20.189 | » | 70.189 | » | | | 70.189 » | |
| 2 | 2 | Mascara à Tiaret . . | 9.000 | » | » | » | 22.574 | » | 31.574 | » | | | 31.574 » | |
| 3 | 3 | Bel-Abbès à Daya. . | 18.000 | » | » | » | 3.500 | » | 21.500 | » | | | 21.500 » | |
| 4 | 4 | Tlemcen à Sebdou. . | 24.000 | » | » | » | 8.468 | » | 32.468 | » | | | 32.468 » | |
| 5 | 5 | Tlemcen à Nemours. | 18.000 | » | » | » | 14.080 | » | 32.080 | » | | | 32.080 » | |
| 6 | 6 | D'Arzew au Sig. . . | 4.000 | » | » | » | 2.200 | » | 6.200 | » | | | 6.200 » | |
| 7 | 7 | Du Sig à Perrégaux . | 6.000 | » | » | » | 2.500 | » | 8.500 | » | | | 8.500 » | |
| 8 | 8 | Mostaganem à Pont-du-Chélif . . . . . | 20.000 | » | » | » | 3.980 | » | 23.980 | » | | | 23.980 » | |
| 9 | 9 | D'Assi-Ameur au Sig | 5.000 | » | » | » | 2.085 | » | 7.085 | » | | | 7.085 » | |
| 10 | 10 | Ceinture de la M'léta. | 10.000 | » | » | » | 6.198 | » | 16.198 | » | | | 16.198 50 | |
| 11 | 11 | Inkermann à Ammi-Moussa . . . . . | 1.000 | » | » | » | 20.056 | » | 21.056 | » | | | 21.056 » | |
| 12 | 12 | Ammi-Moussa à Tiaret . . . . . . . | 1.000 | » | » | » | » | » | 1.000 | » | | | 1.000 » | |
| 13 | 13 | Tlélat à Bel-Abbès. | 18.000 | » | » | » | 5.966 | » | 23.966 | » | | | 23.966 » | |
| 14 | 14 | Trembles au Sig . . | 2.500 | » | » | » | 5.204 | » | 7.704 | » | | | 7.704 » | |
| 15 | 15 | Arzew au Tlélat. . . | 1.000 | » | » | » | 1.850 | » | 2.850 | » | | | 2.850 » | |
| 16 | 16 | Lamoricière à Pont-de-l'Isser . . . . . | 500 | » | » | » | 6.397 | » | 6.897 | » | | | 6.897 » | |
| 17 | 17 | Perrégaux à Bouguirat par El-Romri . | 5.000 | » | » | » | 937 | » | 5.937 | » | | | 5.937 » | |
| 18 | 18 | Bel-Abbès à la mer par Aïn—Temouchent. . . . . . | 5.000 | » | » | » | 8.001 | » | 13.001 | » | | | 13.001 » | |
| 19 | 19 | Mers-el-Kébir à Aïn-El-Turck longeant la mer . . . . . . | » | » | » | » | » | » | » | » | | | » | |
| 20 | 20 | Mostaganem au quai d'embarquement . | 500 | » | » | » | 600 | » | 1.100 | » | | | 1.100 » | |
| 21 | 21 | Mascara à Tiaret par Fortassa et Tegdempt . . . . . | 7.000 | » | » | » | 9.850 | » | 16.850 | » | | | 16.850 50 | |
| 22 | 22 | L'Hillil à Cacherou par El-Bordj . . . . . | 500 | » | » | » | 4.811 | » | 5.311 | » | | | 5.311 » | |
| 23 | 23 | Tiaret à Teniet . . . | 1.000 | » | » | » | 1.200 | » | 2.200 | » | | | 2.200 » | |
| 24 | 24 | Fortassa à Relizane . | 500 | » | » | » | 2.373 | » | 2.873 | » | | | 2.873 » | |
| 25 | 25 | Bel—Abbès à Hammam-bou-Hadjar . | 5.000 | » | » | » | 2.254 | » | 7.254 | » | | | 7.254 » | |
| 26 | 26 | Perrégaux à la Macta | 1.000 | » | » | » | 500 | » | 1.500 | » | | | 1.500 » | |
| 27 | 27 | Tlemcen à Nédromah par les Traras. . . | » | » | » | » | » | » | » | » | | | » | |
| | | A reporter. . . . | 213.500 | » | » | » | 155.773 | » | 369.273 | » | | | | |

*A reporter. . .*     369.273 »

| Nᵒˢ des Articles | Nᵒˢ des chemins | DÉSIGNATION des chemins | Sur la subvention du département | | Sur la subvention de l'Etat | | Contingents communaux, Souscriptions, etc. | | TOTAL | | SOMMES ALLOUÉES au Budget de 1884 soit par le décret de règlement, soit par décisions modificatives | SOMMES VOTÉES par le Conseil général | RÈGLEMENT SOMMES ALLOUÉES | OBSERVATIONS |
|---|---|---|---|---|---|---|---|---|---|---|---|---|---|---|
| | | | Entretien | Trav. neufs | Entretien | Trav. neufs | Entretion | Trav. neufs | Entretien | Trav. neufs | | | | |
| | | Reports. . . | 213.500 | » | » | » | 155.773 | » | 369.273 | » | | | 369.273 » | |
| 28 | 28 | Sig à Mostaganem par Mocta-Douz. . | 500 | » | » | » | 661 | » | 1.161 | » | | | 1.161 » | |
| 29 | 29 | Mercier—Lacombe à Oued-el-Hammam. | » | » | » | » | 2.083 | » | 2.083 | » | | | 2.083 » | |
| 30 | 30 | La Stidia à Aïn-Tédelès . . . . . . . | 5.000 | » | » | » | 3.520 | » | 8.520 | » | | | 8.520 » | |
| 31 | 31 | Bel-Abbès au Sig par Oued-Imbert . . . | » | » | » | » | 826 | » | 826 | » | | | 826 » | |
| 32 | 32 | Zemmora à Ammi-Moussa . . . . . . | » | » | » | » | 8.593 | » | 8.593 | » | | | 8.593 » | |
| 33 | 33 | Chanzy au Telagh . . | 4.000 | » | » | » | 1.000 | » | 5.000 | » | | | 5.000 » | |
| 34 | 34 | Ste-Léonie à la route nationale par Saint-Lou. . . . . . . . | 2.000 | » | » | » | 1.199 | » | 3.199 | » | | | 3.199 » | |
| 35 | 35 | Ras-el-Mâ à Sebdou par El-Aricha. . . . . | » | » | » | » | » | » | » | » | | | » | |
| 36 | 36 | Inkermann à Renault par Mazouna . . . | » | » | » | » | 8.584 | » | 8.584 | » | | | 8.584 » | |
| 37 | 37 | Daya à Magenta. . . | » | » | » | » | » | » | » | » | 453.653 » | 407.239 » | » | |
| | | Totaux. . . . . | 225.000 | » | » | » | 182.239 | » | 407.239 | » | | | | |
| | | A reporter. . . . | | | | | | | | | 453.653 » | 407.239 » | 407.239 » | |

| DÉSIGNATION DES DÉPENSES | SOMMES ALLOUÉES au Budget de 1884 soit par le décret de règlement, soit par décisions modificatives | SOMMES VOTÉES par le Conseil général | RÈGLEMENT SOMMES ALLOUÉES | OBSERVATIONS |
|---|---|---|---|---|
| *Report.* . . . . | 453.653 » | 407.239 » | 407.239 » | |

Chemins d'intérêt commun

|  |  |
|---|---|
| La longueur des chemins d'intérêt commun classés par le Conseil général est de . . . . . . . . . | 510.365 » |
| Au 31 décembre 1883, la longueur parvenue à l'état d'entretien était de. . . . . . . . . . . . . | 143.400 » |
| Il a été ou il sera construit en 1884 . . . . . . . | 34.650 » |
| La longueur des chemins d'intérêt commun, au 1" janvier 1885, sera de . . . . . . . . . . . | 178.050 » |
| Il est demandé pour les travaux de ces lignes une somme de. . . . . . . . . . . . . . . . . . | 110.558 » |

répartie conformément au cadre ci-après :

| Nᵒˢ des Articles | Nᵒˢ des Chemins | DÉSIGNATION des CHEMINS | Sur la subvention du département Entretien | Sur la subvention du département Trav. neufs | Sur la subvention de l'État Entretien | Sur la subvention de l'État Trav. neufs | Contingents communaux, souscriptions, etc. Entretien | Contingents communaux, souscriptions, etc. Trav. neufs | TOTAL Entretien | TOTAL Trav. neufs |
|---|---|---|---|---|---|---|---|---|---|---|
| 38 | 1 | Mers-el-Kébir à Bou-Tlélis par El-Ansor | 8.000 | » | » | » | 3.621 | » | 11.621 | » |
| 39 | 2 | Sig à Perrégaux. . . | 2.000 | » | » | » | 500 | » | 2.500 | » |
| 40 | 3 | Bel-Abbès à Magenta | 24.000 | » | » | » | 2.425 | » | 26.425 | » |
| 41 | 4 | Aïn-Tédelès à Sourk-el-Miton . . . . . | 2.000 | v | » | » | 840 | » | 2.840 | » |
| 42 | 5 | Saint-Cloud à Oran par Arcole . . . . | 2.000 | » | » | » | 6.249 | » | 8.249 | » |
| 43 | 6 | La Sénia à Misserghin . . . . . . | 7.000 | » | » | » | 2.083 | » | 9.083 | » |
| 44 | 7 | Aïn-Beïda à Aïn-el-Arba . . . . . . | 2.000 | » | » | » | 2.042 | » | 4.042 | » |
| 45 | 8 | Oran au Tiélat par Sidi-Chami . . . . | 5.000 | » | » | » | 5.799 | » | 10.799 | » |
| 46 | 9 | Tounin à Pont-du-Chélif. . . . . . | 2.000 | » | » | » | 1.353 | » | 3.353 | » |
| 47 | 10 | Cacherou à Thiersville par Matemore. . | 2.500 | » | » | » | 3.500 | » | 6.000 | » |
| 48 | 11 | Sidi-Brahim à Mercier-Lacombe. . . | 1.500 | » | » | » | 740 | » | 2.240 | » |
| 49 | 12 | Hennaya à Nédroma . | » | » | » | » | » | » | » | » |
| 50 | 13 | Tlemcen à Beni-Saf . | 3.000 | » | » | » | » | » | 3.000 | » |
| 51 | 14 | Bel-Abbès à Bou-Kanéfis . . . . . . | 500 | » | » | » | 2.697 | » | 3.197 | » |
| 52 | 15 | Mostaganem à Relizane . . . . . . | 1.000 | » | » | » | 2.714 | » | 3.714 | » |
| 53 | 16 | Ben-Ferréah à la route d'Arzew . . . . | 1.000 | » | » | » | 226 | » | 1.226 | » |
| 54 | 17 | Pont-du-Chélif à Cassaigne . . . . . | » | » | » | » | 9.211 | » | 9 211 | » |
| 55 | 18 | Pont-du-Chélif à Inkermann . . . . . | » | » | » | » | » | » | » | » |
| 56 | 19 | Saint-Cloud à Fleurus . . . . . . | 1.500 | » | » | » | 558 | » | 2.058 | » |
| 57 | 20 | Sirat à Blad-Touaria . . . . . . . | 1.000 | » | » | » | » | » | 1.000 | » |
| | | TOTAUX.... | 66.000 | » | » | » | 44.558 | » | 110.558 | » |

(Report des colonnes : 131.558 » — 110.558 »)

| | | | |
|---|---|---|---|
| *À reporter.* . . . . . . | 585.211 » | 517.797 » | 517.797 » |

| DÉSIGNATION DES DÉPENSES | SOMMES ALLOUÉES au Budget de 1884 soit par le décret de règlement, soit par décisions modificatives | SOMMES VOTÉES par le Conseil général | RÈGLEMENT — SOMMES ALLOUÉES | OBSERVATIONS |
|---|---|---|---|---|
| *Report.* . . . | 585.214 » | 517.797 » | 517.797 » | |
| Art. . — Subventions pour les travaux de chemins ordinaires : Réseau subventionné en vertu de la loi du 11 juillet 1868 . . . . . . . . . . . . . . . . Réseau non subventionné. . . . . . . . . . . . | | | | |
| Art. . — Subvention aux communes pour le remboursement d'emprunts contractés à la caisse des chemins vicinaux. . . . . . . . . . . . . . . . . | | | | |
| Art. . — Réserves pour travaux imprévus. . . . . . . . . . | | | | |
| Art. 58. — Traitement des agents voyers. | | | | |

| Savoir : | Traitement normal | Accessoires de traitement | TOTAL |
|---|---|---|---|
| 1 agent voyer en chef de première classe. . . | 8.000 » | 8.000 » | 16.000 » |
| 1 id. inspecteur de 1re classe . . . . . . | 5.000 » | 3.000 » | 8.000 » |
| 1 id. principal de première classe. . . | 4.000 » | » | 4.000 » |
| 2 id. ordinaires de 1re classe . . | 7.200 » | 1.800 » | 9.000 » |
| 3 id. id. de 2e cl. | 9.900 » | 2.700 » | 12.600 » |
| 4 id. id. de 5e cl. | 9.600 » | 2.800 » | 12.400 » |
| 1 id. comptable de 3e classe . . . . . . | 2.400 » | » | 2.400 » |
| 1 id. auxiliaire . . . . | 2.400 » | » | 2.400 » |
| 1 garçon de bureau . . . . . . . | 960 » | » | 960 » |
| 1 agent voyer architecte (indemnité). . . . . . . . . . . . . | » | » | » |
| 8 agents voyers secondaires de 2e classe . . . . . . . . . . . | 16.000 » | 4.000 » | 20.000 » |
| 3 agents voyers secondaires de 2e classe (bureaux) . . . . | 6.000 » | » | 6.000 » |
| Prévisions pour avancements de 6 agents voyers secondaires | » | » | 600 » |
| Totaux. . . | 72.460 » | 22.300 » | 94.360 » |

Pour l'article 58 (Traitement des agents voyers) : colonne 1 : 68.160 » ; colonne 2 : 94.360 » ; colonne 3 : 94.360 »

| DÉSIGNATION DES DÉPENSES | SOMMES ALLOUÉES au Budget de 1884 | SOMMES VOTÉES par le Conseil général | RÈGLEMENT — SOMMES ALLOUÉES | OBSERVATIONS |
|---|---|---|---|---|
| Art. . — Frais de poursuites pour contraventions en matière de roulage sur les chemins vicinaux. (*Décret du 3 novembre 1855*). . . . . . . . . . . | | | | |
| Art. 59. — Dépenses diverses, recherches de matériaux, etc.. . | 6.000 » | 2.000 » | 2.000 » | |
| Art. 60. — Indemnités aux agents-voyers pour frais de chaouchs chargés des courses de service. . . . . . . . | 4.210 80 | 4.210 80 | 4.210 80 | |
| Art. . — Dépenses des chemins ordinaires imputables sur les contingents communaux. Loi spéciale du | | | | |
| Art. . — Dépenses d'intérêt collectif imputables sur les contingents communaux pour le service des trois catégories de lignes vicinales. . . . . . . . | | | | |
| § 2. Chemins de fer d'intérêt local (Décret du 7 mai 1874) | | | | |
| Articles non reproduits. . . . . . . . . . . . . . . . . . . . | | | | |
| *Total du sous-chapitre IV.* . . . | 663.581 80 | 618.367 80 | 618.367 80 | |

## SOUS-CHAPITRE V

### Enfants assistés

( Loi du 5 mai 1869 )

| DÉSIGNATION DES DÉPENSES | | SOMMES ALLOUÉES au Budget de 1884 | SOMMES VOTÉES par le Conseil général | RÈGLEMENT — SOMMES ALLOUÉES | OBSERVATIONS |
|---|---|---|---|---|---|
| Article premier. — Dépenses du service intérieur : | | | | | |
| Nourrices sédentaires. . . . . . . . . | 960 » | | | | |
| Layettes pour un nombre moyen de 20 enfants . . . . . . . . . | 500 » | | | | |
| Frais de séjour à l'hospice dépositaire pour un nombre moyen de 3 enfants au-dessous de 12 ans. . . . . . . . . . | 1.350 » | | | | |
| Id. enfants de 12 à 21 ans . . | | | | | |
| Frais de traitement dans les hôpitaux . . . | 2.500 » | | | | |
| | | 5.310 » | 5.310 » | 5.310 » | |
| *A Reporter.* . . . | | 5.310 » | 5.310 » | 5.310 » | |

| DÉSIGNATION DES DÉPENSES | SOMMES ALLOUÉES au budget de 1884 soit par le décret de règlement, soit par décisions modificatives | SOMMES VOTÉES par le Conseil général | RÈGLEMENT | |
|---|---|---|---|---|
| | | | SOMMES ALLOUÉES | OBSERVATIONS |
| *Report.* . . . | 5.310 » | 5.310 » | 5.310 » | |
| Art. 2. — Dépenses du service extérieur, savoir : | | | | |
| Orphelinats y compris le Sig, les enfants en garde et le traitement des sœurs. . . . .   18.000 » | | | | |
| Secours temporaires aux filles mères et aux familles indigentes . . . . . . . . .   27.000 » | | | | |
| Frais d'allaitement . . . . . . . . .   10.000 » | | | | |
| Primes d'encouragement aux enfants assistés qui se sont distingués par leur conduite et par leurs progrès . . . . . . . . . .   1.000 » | 68.200 » | 57.700 » | 57.500 » | |
| Transport et conduite des enfants entrant à l'hospice dépositaire ou en sortant pour être placés . . . . . . . . . . . .   200 » | | | | |
| Dots de jeunes filles à marier . . . . . .   200 » | | | | |
| Vêtures fournies par l'hôpital aux orphelins .   1.000 » | | | | |
| Imprimés et registres . . . . . . . .   300 » | | | | |
| Art. 3. — Somme mise à la disposition du Préfet pour achat de dix livrets de caisse d'épargne, pour cinq garçons et cinq filles assistés. . . . . . . . . . . . . | 100 » | 100 » | 100 » | |
| Art. 4. — Service de l'inspection . . . . . { Un commis . . . 2.401 50 / Frais de tournées de l'inspecteur. 501 50 | 2.903 » | 2.903 » | 2.903 » | |
| Art. 5. — Indemnité au chef de bureau de comptabilité faisant fonctions de régisseur comptable des enfants assistés, etc. | 601 50 | 601 50 | 601 50 | |
| Total du sous-chapitre V. . . | 77.114 50 | 66.614 50 | 66.614 50 | |

## SOUS-CHAPITRE VI

### Aliénés

| DÉSIGNATION DES DÉPENSES | | | | |
|---|---|---|---|---|
| Article premier. — Dépenses pour un nombre moyen de cent aliénés des deux sexes, et à raison de 456 fr. 25 pour la pension annuelle de chaque aliéné . . . .   45.625 » | | | | |
| Frais de transport et de nourriture en route des aliénés indigents qui appartiennent au département . . . . . . . . . . . .   4.375 » | 50.000 » | 50.000 » | 50.000 » | |
| Frais d'inspection et de surveillance des aliénés placés au compte du département. . . . . . | | | | |
| Total du sous-chapitre VI. . . | 50.000 » | 50.000 » | 50.000 » | |

## SOUS-CHAPITRE VII

### Assistance publique

| DÉSIGNATION DES DÉPENSES | | | | |
|---|---|---|---|---|
| Article premier. — Secours de route et frais de transport pour les voyageurs indigents. . . . . . . . . | 4.000 » | 4.000 » | 4.000 » | (1) Indemité au conservateur.   300 |
| Art. 2. — Indemnité pour la propagation ou la conservation de la vaccine. (Arrêté ministériel du 6 janvier 1859) . . . | 15.304 50 | (1) 1.000 » | 1.000 » | Id. aux mères des enfants vaccinifères. . . . . . .   300 |
| Art. . — Secours aux sociétés maternelles . . . . . . . . . . . . | | | | Primes de vaccination à raison de 0 fr. 50 cent. . . . . . . . .   500 |
| . — Protection des enfants du premier âge. (Loi du 23 décembre 1874). . . . . . . . . . . . . . . . . | | | | |
| *A reporter* . . . . . | 19.304 50 | 5.000 » | 5.000 » | |

| DÉSIGNATION DES DÉPENSES | SOMMES ALLOUÉES au Budget de 1884 soit par le décret de règlement, soit par décisions modificatives | SOMMES VOTÉES par le Conseil général | RÉGLEMENT | |
|---|---|---|---|---|
| | | | SOMMES allouées | OBSERVATIONS |
| *Report* . . . . | 19.301 50 | 5.000 » | 5.000 » | |
| Art. . — Établissement de crèches. . . . . . . . . . . | » | » | » | |
| Art. . — Subventions aux Sociétés de secours mutuels. (*Décret du 13 décembre 1852*) . . . . . . . . . . . . . . | » | » | » | |
| Art. . — Bureau d'assistance judiciaire. (*Décret du 2 mars 1859*) . . . . . . . . . . | » | » | » | |
| Art. 3. — Dépôt de mendicité, maison de refuge, de secours ou hospice départemental, établi à     pour les | | | | |
| Subvention du Département pour contribuer aux dépenses ordinaires . . . . . . . . . | 2.000 » | 2.000 » | 2.000 » | |
| Art. 4. — Secours aux colons indigents. . . . . . . . . . . | 10.000 » | 5.000 » | 5.000 » | |
| Art. 5. — { Entretien de sourds-muets dans les institutions spéciales . . . . . . . . . . . . . {  Entretien de jeunes aveugles . . . . . . . . . . | 3.000 » | 3.000 » | 3.000 » | |
| Art. 6. — Subvention aux hôpitaux et aux ambulances pour vieillards infirmes . . . . . . . . . . . . . . . | 75.000 » | 75.000 » | 75.000 » | |
| Art. 7. — Entretien de jeunes filles à l'établissement des sœurs du Bon-Pasteur . . . . . . . . . . . . . . . | 2.500 » | 2.500 » | 2.500 » | |
| Art. . — Subvention pour l'établissement de fourneaux économiques . . . . . . . . . . . . . . . . | » | » | » | |
| Art. 8. — Secours dans le cas d'extrême misère, d'accident ou de disette locale. . . . . . . . . . . . . . . | 15.000 » | 5.000 » | 5.000 » | |
| Art. . — Colonie de Mettray. . . . . . . . . . . | » | » | » | |
| Art. . — Secours aux prisonniers . . . . . . . . . . . | » | » | » | |
| Art. 9. — Subvention à la Société de sauvetage des naufragés d'Oran . . . . . . . . . . . . . . . . . . | » | 100 10 | 100 10 | |
| Articles non reproduits. . . . . . . . . . . . . . . . | 1.000 20 | » | » | |
| Total du sous-chapitre VII. . | 127.801 70 | 97.600 10 | 97.600 10 | |

## SOUS-CHAPITRE VIII

### Cultes

Néant

## SOUS CHAPITRE IX

### Archives Départementales

| | | | | |
|---|---|---|---|---|
| Article premier. — Appointements du conservateur des archives et des employés auxiliaires. . . . . . . . . . . . . . . | 2.903 » | 2.903 » | 2.903 » | |
| *A reporter* . . . . | 2.903 » | 2.903 » | 2.903 » | |

| DÉSIGNATION DES DÉPENSES | SOMMES ALLOUÉES au Budget de 1884 soit par le décret de règlement, soit par décisions modificatives | SOMMES VOTÉES par le Conseil général | RÈGLEMENT | |
|---|---|---|---|---|
| | | | SOMMES ALLOUÉES | OBSERVATIONS |
| *Report.* . . . | 2.903 » | 2.903 » | 2.903 » | |
| ART. 2. — Dépouillement extraordinaire des archives, achat de cartons et établissement de tablettes . . . . . . . . . . . . | 150 » | 150 » | 150 » | |
| ART. . — Acquisitions de documents intéressant les archives | » | » | » | |
| ART. — Publication de l'inventaire. (*Circulaire du 12 août 1861*). . . . . . . . . . . . . . . . . . . . . . . . . . . . | » | » | » | |
| ART. . — Inspection des archives communales. . . . . . . . | » | » | » | |
| TOTAL du sous-chapitre IX . . . | 3.053 » | 3.053 » | 3.053 » | |

SOUS-CHAPITRE X

Encouragements aux Lettres, aux Sciences, et aux Arts

| DÉSIGNATION DES DÉPENSES | SOMMES ALLOUÉES au Budget de 1884 | SOMMES VOTÉES par le Conseil général | RÈGLEMENT SOMMES ALLOUÉES |
|---|---|---|---|
| ARTICLE PREMIER. — Achats et reliures d'ouvrages d'administration pour la préfecture et les sous-préfectures . . . . . . | 1.600 » | 1.600 » | 1.600 » |
| ART. . — Encouragement : | | | |
| Pour l'annuaire départemental . . . . . . . . . . . . . . . | | | |
| Pour la statistique du département . . . . . . . . . . . . | | | |
| Pour la carte topographique du département. . . . . . . . | | | |
| Pour la carte géologique. . . . . . . . . . . . . . . . . . | | | |
| ART. 2. — — Encouragements aux Sciences, aux Lettres et aux Arts : | | | |
| Souscription à la Revue Africaine et à la Gazette Médicale d'Alger. . . . . . . . . . . . . . . . . | | | |
| Société de Géographie . . . . . . . . . . . . . | | | |
| Sociétés de Musiques. . . . . . . . . . . . . . | | | |
| Subvention à un élève peintre . . . . . . . . . . | | | |
| Id. à des élèves en médecine M. Llora . | 6.765 » | 600 50 | 600 50 |
| Id. à un élève sculpteur . . . . . . . . | | | |
| Id. à un élève musicien.. . . . . . . . . | | | |
| ART. 3. — Subvention au jeune Lominet, pour lui permettre de suivre les cours de l'école professionnelle de M. Antoine. . . | » | 300 10 | 300 10 |
| ART. . — Conservation de monuments historiques . . . . . | | | |
| ART. . — Souscription pour le monument à la mémoire de . . . . . . . . . . . . . . | | | |
| ART. .4 — Entretien d'élèves aux écoles des Arts et Métiers de la métropole, de Dellys ou à l'école centrale des Arts et Manufactures . . . . . . . . . . . . . . . . . . . . . . . . | 3.255 » | 1.602 » | 1.602 » |
| *A reporter.* . . . | 11.620 » | 4.102 60 | 4.102 60 |

| DÉSIGNATION DES DÉPENSES | SOMMES ALLOUÉES au Budget de 1884 soit par le décret de règlement, soit par décisions modificatives | SOMMES VOTÉES par le Conseil général | RÈGLEMENT | |
| --- | --- | --- | --- | --- |
| | | | SOMMES ALLOUÉES | OBSERVATIONS |
| *Report.* . . . | 11.620 » | 4.102 60 | 4.102 60 | |
| ART. . — Ecole des mineurs d'Alais. (Ordonnance du 22 septembre 1843). . . . . . . . . . . . . . . . . . | » | » | » | |
| ART. 5. — Part du département dans les dépenses de l'institut algérien. . . . . . . . . . . . . . . . . . . . . | 20.000 50 | 20.000 50 | 20.000 50 | |
| ART. 6. — Subvention à des élèves sages-femmes . . . . . . . | 1.205 » | 901 » | (A) 901 » | (A) Mlle Belhumeur . . . . . 600 50 |
| ART. . — Cours d'accouchement et traitement du professeur. | » | » | » | Mme Dousset . . . . . . . 300 50 |
| ART. . — Subventions aux théâtres : | | | | |
| Articles non reproduits. . . . . . . . . . . . . . . . . | 4.505 10 | » | » | |
| *Total du sous-chapitre X*. . . | 37.330 60 | 25.004 10 | 25.004 10 | |

## SOUS-CHAPITRE XI

**Encouragements à l'agriculture et à l'industrie**

| DÉSIGNATION DES DÉPENSES | SOMMES ALLOUÉES au Budget de 1884 | SOMMES VOTÉES par le Conseil général | RÈGLEMENT SOMMES ALLOUÉES | OBSERVATIONS |
| --- | --- | --- | --- | --- |
| ARTICLE . — Encouragements à l'agriculture : | | | | |
| Chambre d'agriculture. *(Décret du 21 avril 1853)*. . . . . . . . . . . . . . . . . | | | | |
| Société d'agriculture. . . . . . . . . . . . | | | | |
| Chaire d'enseignement. . . . . . . . . . . | | | | |
| Ferme modèle. . . . . . . . . . . . . . | | | | |
| Comices agricoles . . . . . . . . . . . . | | | | |
| Achats de taureaux, béliers. . . . . . . . . | | | | |
| Culture de mûriers . . . . . . . . . . . . | | | | |
| Curage des cours d'eau . . . . . . . . . . | | | | |
| Recherches d'eau, drainage, irrigations, forages de puits. . . . . . . . . . . . . . . | | | | |
| Reboisement des montagnes. . . . . . . . . | | | | |
| Société d'horticulture. . . . . . . . . . . . | | | | |
| ART. . — Encouragements pour l'amélioration de la race chevaline : | | | | |
| Courses de chevaux . . . . . . . . . . . . | | | | |
| Elève des chevaux. . . . . . . . . . . . . | | | | |
| Dépôt des remontes . . . . . . . . . . . . | | | | |
| Ecole de dressage . . . . . . . . . . . . | | | | |
| Ecole d'équitation . . . . . . . . . . . . | | | | |
| ART. 1er. — Traitement du vétérinaire départemental et indemnités aux vétérinaires de circonscriptions . . . . . . . . . . | 4.711 50 | 4.711 50 | 4.711 50 | |
| ART. 2. — Entretien d'élèves aux écoles vétérinaires d'Alfort, de Lyon ou de Toulouse . . . . . . . . . . . . . . . . . . | 800 50 | 800 50 | 800 50 | Pour le fils de M. Brémond admis à l'école vétérinaire de Lyon. |
| *A reporter.* . . . . . | 5.512 » | 5.512 » | 5.512 » | |

| DÉSIGNATION DES DÉPENSES | SOMMES ALLOUÉES au Budget de 1884 soit par le décret de règlement, soit par décisions modificatives | SOMMES VOTÉES par le Conseil général | RÈGLEMENT | |
|---|---|---|---|---|
| | | | SOMMES ALLOUÉES | OBSERVATIONS |
| *Report*. . . . | 5.512 » | 5.512 » | 5.512 » | |
| ART. 3. — Mesures contre les épizooties. . . . . . . . . . . | 2.000 » | 2.000 » | 2.000 » | |
| ART. 4. — Primes pour la destruction des animaux nuisibles. . | 800 » | 800 » | 800 » | |
| ART. . — Bourses à l'école d'agriculture de Montpellier. . . . | » | » | » | |
| ART. . — Encouragements à l'industrie. . . . . . . . . . . | » | » | » | |
| ART. 5. — Mesures de vigilance à prendre contre les affections de la vigne. . . . . . . . . . . . . . . . . . . . | 5.000 » | 2.000 » | 2.000 » | |
| Articles non reproduits. . . . . . . . . . . . . . . . . . | 54.785 » | » | » | |
| *Total du sous-chapitre XI* . . | 68.097 » | 10.312 » | 10.312 » | |

## SOUS-CHAPITRE XII

### Subventions aux communes

| DÉSIGNATION DES DÉPENSES | | SOMMES ALLOUÉES au Budget de 1884 | SOMMES VOTÉES | RÈGLEMENT SOMMES ALLOUÉES | OBSERVATIONS |
|---|---|---|---|---|---|
| ART. 1er. — Subventions aux communes pour l'entretien de leurs collèges : | | 16.000 » | 16.000 » | 16.000 » | |
| Oran . . . . . . . . . . . . . . . . . . . . . | 8.000 | | | | |
| Mostaganem. . . . . . . . . . . . . . . . . | 4.000 | | | | |
| Tlemcen. . . . . . . . . . . . . . . . . . . | 4.000 | | | | |
| Articles non reproduits. . . . . . . . . . . . . . . . . . | | 25.800 » | » | » | |
| TOTAL du sous-chapitre XII. . . . | | 41.800 » | 16.000 » | 16.000 » | |

## SOUS CHAPITRE XIII

### Dépenses diverses

| DÉSIGNATION DES DÉPENSES | SOMMES ALLOUÉES au Budget de 1884 | SOMMES VOTÉES | RÈGLEMENT SOMMES ALLOUÉES | OBSERVATIONS |
|---|---|---|---|---|
| ART. . — Part contributive du département dans la dépense des travaux exécutés par l'État et qui intéressent le département . . . . . . . . . . . . . . . . . . . . . . . . . | » | » | » | |
| *A reporter*. . . . | » | » | » | |

| DÉSIGNATION DES DÉPENSES | SOMMES ALLOUÉES au Budget de 1884 soit par le décret de règlement, soit par décisions modificatives | SOMMES VOTÉES par le Conseil général | RÈGLEMENT SOMMES ALLOUÉES | OBSERVATIONS |
|---|---|---|---|---|
| *Report. . . .* | » | » | » | |
| Art. 1<sup>er</sup>. — Loyers des prisons et des dépôts de sûreté : Tour n° 27 à Mostaganem. . . . . . . . . . . . . . . | 4 » | 4 » | 4 » | |
| Art.     — Portion à la charge du Département dans les frais de confection des tables décennales de l'état-civil. (Décret du 20 juillet 1807). . . . . . . . . . . . . . . . . | » | » | » | |
| Art.    . — Reliure des actes de l'état civil déposés aux greffes des tribunaux. . . . . . . . . . . . . . . | » | » | » | |
| Art.    . — Dépenses du Conseil de salubrité . . . . . . . . . | » | » | » | |
| Art. 2. — Mesures contre les épidémies. . . . . . . . . . . | 300 » | 1.000 » | 1.000 » | |
| Art.    . — Indemnité au conservateur du mobilier départemental . . . . . . . . . . . . . . . . . . . | » | » | » | |
| Art. 3. — Remboursements, restitutions et non-valeurs . . . . | 3.000 » | 1.000 » | 1.000 » | |
| Art.    . — Avances pour travaux d'intérêt public à la charge des particuliers . . . . . . . . . . . . . . . . | » | » | » | |
| Art. 4. — Dépenses d'administration des populations musulmanes et frais de mission. . . . . . . . . . . . . . . . | 12.000 » | 6.000 » | 6.000 » | |
| Art. 5. — Impressions : | | | | |
|     Frais d'impression du procès-verbal des délibérations du Conseil général, des rapports de la Commission départementale et du Préfet . . . . . . . . . . . . . . . 8.150 50 | | | | |
|     Frais d'impression des budgets et des comptes départementaux . . . . . . . . . . . 1.500 » | 11.650 50 | 11.650 50 | 11.650 50 | |
|     Frais d'impression du procès-verbal des délibérations des Conseils d'arrondissement et des rapports des sous-préfets . . . . . . » » | | | | |
|     Frais d'impression des cartes d'électeurs . . » » | | | | |
|     Impressions diverses, travaux d'intérêt départemental, etc. . . . . . . . . . . . . 2.000 » | | | | |
| Art. 6. — Location du logement du secrétaire général de la préfecture. . . . . . . . . . . . . . . . . . . . . | 2.001 50 | 1.801 50 | 1.801 50 | |
| Art. 7. — Secours à d'anciens employés ou à leur famille. | | | | |
|      Savoir : | | | | |
|     M<sup>mes</sup> Veuves Roggaro. . . . . . . . . . . . 200 » | | | | |
|     —     Barré . . . . . . . . . . . . . 200 » | | | | |
|     —     Laglaine. . . . . . . . . . . . . 200 » | | | | |
|     —     Evesque . . . . . . . . . . . . 200 » | | | | |
|     —     Cauvin. . . . . . . . . . . . . 200 » | | | | |
|     —     Gigay . . . . . . . . . . . . . 200 » | | | | |
|     —     Santrot. , . . . . . . . . . . 200 » | 2.251 50 | 2.251 50 | 2.251 50 | |
|     —     d'Aranjo. . . . . . . . . . . . 200 » | | | | |
|     MM. Villeneuve. . . . . . . . . . . . . . . 200 » | | | | |
|         Bisson . . . . . . . . . . . . . . . . . 250 » | | | | |
|         Nourrisson. . . . . . . . . . . . . . . 100 » | | | | |
|     M<sup>me</sup> Nourrisson. . . . . . . . . . . . . . 100 » | | | | |
|     Timbre. . . . . . . . . . . . . . . . . . 1 50 | | | | |
| Art. 8. — Subvention à la caisse des retraites des employés du département. . . . . . . . . . . . . . . . . . . . . . | 3.500 » | 3.500 » | 3.500 » | |
| Art. 9. — Indemnités aux employés de la préfecture pour travaux supplémentaires à l'occasion de la tenue des sessions du Conseil général et de la Commission départementale. . . . . | 3.003 » | 3.003 » | 3.003 » | |
| Art. 10. — Gratifications pour belles actions . . . . . . . . | 500 » | 300 » | 300 » | |
| *A reporter. . . .* | 38.210 50 | 30.510 50 | 30.510 50 | |

| DÉSIGNATION DES DÉPENSES | SOMMES ALLOUÉES au Budget de 1881 soit par le décret de règlement, soit par décisions modificatives | SOMMES VOTÉES par le Conseil général | RÈGLEMENT | |
|---|---|---|---|---|
| | | | SOMMES ALLOUÉES | OBSERVATIONS |
| *Report.* . . . | 34.710 50 | 30.510 50 | 30.510 50 | |
| ART. 11. — Service des emprunts départementaux. | | | | |
| Savoir : | | | | |
| Délibérations des 10 avril 1880, 6 mai 1881 et 6 avril 1883. { Intérêt de l'emprunt . . / Remboursement . . . . / Timbre, enregistrement. 222.911 65 / Droits et taxes . . . . . | 202.911 65 | 214.911 65 | 214.911 65 | |
| Loi du 18 . { Intérêt de l'emprunt . . / Remboursement . . . . / Timbre, enregistrement. / Droits et taxes . . . . . » » | | | | |
| ART. 12. — Renouvellement et entretien du mobilier de l'hôtel de la division . . . . . | 2.400 » | 2.400 » | 2.400 » | |
| ART. 13. — Dépenses de la Commission départementale. . . . | 1.200 » | 1.200 » | 1.200 » | |
| ART. 14. — Frais de tenue du Conseil général. . . . . . . | 3.800 » | 3.800 » | 3.800 » | |
| ART. 15. — Traitement de l'employé du Conseil général . . . . | 3.501 50 | 3.501 50 | 3.501 50 | |
| ART. 16. — Habillement des huissiers et garçons de bureau du Conseil général de la préfecture et des sous-préfectures (12 à 150 francs) . . . . . | 1.652 » | 1.802 » | 1.802 » | |
| ART. 17. — Missions et enquêtes intéressant les services départementaux et les communes. . . . . . | 2.000 » | 2.000 » | 2.000 » | |
| ART. 18. — Frais de passage des employés départementaux . . | 500 » | 1.000 » | 1.000 » | |
| ART. 19. — Dépenses des diverses commissions qui se réunissent à la préfecture . . . . . | 300 » | 300 » | 300 » | |
| ART. 20. — Frais pour le service de la voiture cellulaire . . . . | 6.002 » | 6.002 » | 6.002 » | |
| ART. 21. — Subvention à la caisse de prévoyance des employés de l'Administration départementale. . . . . | 1.500 10 | 1.500 10 | 1.500 10 | |
| ART. 22. — Abonnement aux téléphones. . . . . . | 1.800 10 | 2.608 » | 2.608 » | |
| ART. 23. — Subvention à la Société d'Alsace-Lorraine d'Oran. | 500 10 | 500 10 | 500 10 | |
| ART. 24. — Réserve pour dépenses diverses et imprévues. . . . | 10.632 85 | 29.333 05 | 13.103 05 | |
| Articles non reproduits . . . . . . . . . | 12.255 80 | » | » | |
| *Total du Sous-Chapitre XIII.* . . . . | 289.166 60 | 301.368 90 | 285.138 90 | |

### SOUS-CHAPITRE XIV

**Dettes départementales**

AFFÉRENTES A DES DÉPENSES NON OBLIGATOIRES

| | | | | |
|---|---|---|---|---|
| *Total du Sous-Chapitre XIV.* . . . . | | | | |

| DÉSIGNATION DES DÉPENSES | SOMMES ALLOUÉES au budget de 1884 soit par le décret de règlement, soit par décisions modificatives | SOMMES VOTÉES par le Conseil général | RÈGLEMENT | |
|---|---|---|---|---|
| | | | SOMMES ALLOUÉES | OBSERVATIONS |
| **SOUS-CHAPITRE XV** | | | | |
| **Instruction publique** | | | | |
| § 1ᵉʳ — MINISTÈRE DE L'INTÉRIEUR | | | | |
| ARTICLE PREMIER. — Frais de bureau de l'inspecteur d'académie . . . . . . . . . . . . . . . . . | 800 50 | 800 50 | 800 50 | |
| ART. 2. — Traitement du commis auxiliaire de l'inspection académique . . . . . . . . . . . . . . | » | 1.501 50 | 1.501 50 | |
| ART. 3. — Indemnité de logement aux commis de l'inspection . | 601 50 | 901 50 | 901 50 | |
| ART. 4. — Entretien de bourses dans les collèges du département . . . . . . . . . . . . . . . . . | 12.300 » | 12.500 10 | 12.500 10 | Y compris 500 fr. 10 alloués au jeune Assémat pour achat d'un trousseau. |
| ART. . — { Entretien d'élèves à l'école normale de Cluny . . { Subvention à la même école . . . . . . . . . | » | » | » | |
| ART. 5. — Frais de publication du Bulletin de l'instruction publique. . . . . . . . . . . . . . . . . . | 1.001 » | 1.001 » | 1.001 » | |
| ART. 6. — Indemnité aux inspecteurs primaires . . . . . . | 1.805 » | 1.805 » | 1.805 » | |
| ART. 7. — Subvention au collège arabe français (lycée d'Alger). | 12.000 » | 4.000 » | 4.000 » | |
| ART. 8. — Encouragements aux classes d'adultes . . . . . | 3.002 » | 3.002 » | 3.002 » | |
| ART. 9. — Subventions aux professeurs du collège d'Oran, pour les cours aux jeunes filles . . . . . . . . . | 2.400 » | 2.000 » | 2.000 » | |
| ART. — Indemnité aux membres des commissions d'examen. | 502 » | » | » | |
| ART. 10. — Frais de transport, d'Oran à destination, de cartes et de globes accordés aux écoles par le Ministre de l'instruction publique . . . . . . . . . . . . . . | 50 » | 50 » | 50 » | |
| ART. 11. — Bourse accordée au 2ᵉ fils de madame veuve Hostain, au lycée d'Alger, jusqu'à la fin de ses études. . . | 1.201 » | 801 » | 801 » | |
| ART. — Cours d'arabe de la préfecture . . . . . . | 452 » | » | » | |
| ART. 12. — Traitement d'une inspectrice des salles d'asile . | 3.501 50 | 3.501 50 | 3.501 50 | |
| ART. 13. — Pour les conférences pédagogiques . . . . . | 1.510 » | 1.510 50 | 1.510 50 | |
| ART. 14. — Subvention à M. Lavenss, pour l'entretien de son fils au lycée d'Alger . . . . . . . . . . . . . | 801 » | 801 » | 801 » | |
| ART. 15. — Subvention à M. Lommet pour lui permettre de suivre les cours de l'écoles professionnelle de M. Antoine. | » | » | » | |
| Articles non reproduits . . . . . . . . . . . . . . | 6.514 50 | » | » | |
| TOTAL du sous-chapitre XV. . . | 48.442 10 | 34.175 10 | 34.175 10 | |

| DÉSIGNATION DES DÉPENSES | SOMMES ALLOUÉES au Budget de 1884 soit par le décret de règlement, soit par décisions modificatives | SOMMES VOTÉES par le Conseil général | RÈGLEMENT | |
|---|---|---|---|---|
| | | | SOMMES ALLOUÉES | OBSERVATIONS |
| **SOUS-CHAPITRE XVI** | | | | |
| *Cadastre* | | | | |
| Art.   . — Dépenses à imputer sur les ressources ordinaires du budget. . . . . . . . . | | | | |
| § 2. — Ministère des finances | | | | |
| Art.   . — Dépenses à imputer sur le produit de l'imposition autorisée par la loi du 2 août 1829. . . . . . . . . . . | | | | |
| Crédit à ordonnancer par le Ministre des finances . . . | | | | |
| Report du paragraphe 1er. . . . . . . . . . . . | | | | |
| *Total du Sous Chapitre XVI* . . . . | | | | |

## RÉCAPITULATION (Dépenses)

| | SOMMES ALLOUÉES au Budget de 1884 | SOMMES VOTÉES par le Conseil général | RÈGLEMENT SOMMES ALLOUÉES |
|---|---|---|---|
| Sous-chapitre 1. Dépenses obligatoires . . . . . . . . . . . . | 148.692 20 | 233.078 » | 249.308 » |
| Id. 2. Propriétés départementales immobilières. . . . | 115.361 50 | 213.791 50 | 213.791 50 |
| Id. 3. Routes départementales. . . . . . . . . . . | 46.000 » | 40.000 » | 40.000 » |
| Id. 4. Chemins vicinaux, chemins de fer d'intérêt local | 663.581 80 | 618.367 80 | 618.367 80 |
| Id. 5. Enfants assistés. . . . . . . . . . | 77.114 50 | 66.614 50 | 66.614 50 |
| Id. 6. Aliénés. . . . . . . . . . . . . . . . . | 50.000 » | 50.000 » | 50.000 » |
| Id. 7. Assistance publique. . . . . . . . . . . . | 127.801 70 | 97.600 10 | 97.600 10 |
| Id. 8. Cultes . . . . . . . . . . . . . . . . | » | » | » |
| Id. 9. Archives départementales. . . . . . . . . . | 3.053 » | 3.053 » | 3.052 » |
| Id. 10. Encouragements aux lettres, aux sciences et aux arts . . . . . . . . . . . . . . . . . . | 37.330 60 | 25.004 10 | 25.004 10 |
| Id. 11. Encouragements à l'agriculture et à l'industrie. | 68.097 » | 10.312 » | 10.312 » |
| Id. 12. Subventions aux communes. . . . . . . . . | 41.800 » | 16.000 » | 16.000 » |
| Id. 13. Dépenses diverses. . . . . . . . . . . . . | 289.166 60 | 301.368 90 | 285.138 90 |
| Id. 14. Dettes départementales . . . . . . . . . . . | » | » | » |
| Id. 15. Instruction publique . . . . . . . . . . . | 48.442 10 | 34.175 10 | 34.175 10 |
| Id. 16. Cadastre . . . . . . . . . . . . . . . . | » | » | » |
| Dépenses non reproduites en 1884 . . . . . . . . . . . | » | » | » |
| Total des ordinaires. . dépenses | 1.716.441 » | 1.709.365 » | 1.709.365 » |

# RECETTES DÉPARTEMENTALES

# EXTRAORDINAIRES

| DÉSIGNATION DES RECETTES | SOMMES ALLOUÉES au Budget de 1884 soit par le décret de règlement, soit par décisions modificatives | SOMMES VOTÉES par le Conseil général | RÈGLEMENT | |
|---|---|---|---|---|
| | | | SOMMES ALLOUÉES | OBSERVATIONS |
| **RECETTES DE 1885** | | | | |
| Article premier. — Impositions extraordinaires perçues en vertu de lois spéciales . . . . . . . . . . . . . . . . . . | | | | |
| Art. 2. — Emprunts réalisables en exécution du décret du 23 septembre 1875. . . . . . . . . | | | | |
| Emprunts à réaliser en vertu des lois spéciales. | | | | |
| Art. 3. — Produits éventuels du budget extraordinaire. (*Décret du 23 septembre 1875 art. 59*). | | | | |
| 1° Produit des biens aliénés : | | | | |
| Cessions de terrains ou de bâtiments.  » | | | | |
| Vente de matériaux. . . . . . . .  » | | | | |
| Vente de mobiliers hors de service. .  » | | | | |
| Vente de vieux papiers . . . . . .  » | | | | |
| 2° Dons et legs . . . . . . . . . .  » | | | | |
| 3° Remboursement de capitaux exigibles et de rentes rachetées . . . | | | | |
| Reversement pour trop payé sur les ressources extraordinaires. . . . .  » | 3.000 » | 5.000 » | 5.000 » | |
| Recettes accidentelles . . . . . . 5.000 »    5.000 » | | | | |
| Recettes non reproduites. . . . . . . . . . . . . . . . . . | | | | |
| *Total général des recettes extraordinaires.* . . . | 3.000 » | 5.000 » | 5.000 » | |

# DÉPENSES DÉPARTEMENTALES

# EXTRAORDINAIRES

| DÉSIGNATION | SOMMES ALLOUÉES au Budget de 1884 soit par le décret de règlement, soit par décisions modificatives | SOMMES VOTÉES par le Conseil général | RÉGLEMENT | |
|---|---|---|---|---|
| | | | SOMMES allouées | OBSERVATIONS |
| **RECETTES** | | | | |
| Recettes ordinaires . . . . . . . . . . . . . . . . | 1.716.441 » | 1.709.365 » | 1.709.365 » | |
| Recettes extraordinaires.. . . . . . . . . . . . . | 3.000 » | 5.000 » | 5.000 » | |
| Total général des recettes.. . | 1.719.441 » | 1.714.365 » | 1.714.365 » | |
| **DÉPENSES** | | | | |
| Dépenses ordinaires . . . . . . . . . . . . . . . | 1.716.441 » | 1.709.365 » | 1.709.365 » | |
| Dépenses extraordinaires.. . . . . . . . . . . . . | » | » | » | |
| Total général des dépenses. . . | 1.716.441 » | 1.709.365 » | 1.709.365 » | |
| BALANCE . . . { Total des recettes. . . . . . . . . | 1.719.441 » | 1.714.365 » | 1.714.365 » | |
| { Total des dépenses.. . . . . . . . . | 1.716.441 » | 1.709.365 » | 1.709.365 » | |
| Excédant des recettes. . | 3.000 » | 5.000 » | 5.000 » | |

Dressé par le Préfet d'Oran,

     *A Oran, le 22 août 1884.*

       Le Préfet,

         Dunaigre.

                         · Délibéré par le Conseil général du département.

                              *A Oran, le 25 octobre 1884.*

Signés: L. Fouque (Président). — D' J. Sandras ; Roußière (Vice-Présidents). — Ramier ; Bloch ; Troupel (Secrétaires). — Baquet. — Bézy. — Engler. — Fauqueux. — Jacques. — Jamelin. — Loustau. — V. Mestayer. — Monbrun. — Priou. — A. Suzzarini. — Vagnon. — D' Vinciguerra. — Mohamed ben Daoud. — Mohamed ben el Hadj Hassen. — El Hadj ben Dif. — Ben Aouda ould el Hadj el Mazari.


                      VU

pour être annexé au décret du 27 février 1885.

*Pour le Ministre de l'Intérieur,*
*Le Sous-Directeur chargé du Bureau de l'Algérie,*
       Signé : Mantenne.

## Le Président de la République Française,

Sur le rapport du Ministre de l'Intérieur ;
Vu les articles 60 et 61 du décret du 23 septembre 1875, sur les Conseils généraux de l'Algérie ;
Vu la délibération du 21 octobre 1884, par laquelle le Conseil général d'Oran a refusé d'inscrire au budget départemental de l'exercice 1885, le crédit nécessaire au paiement des traitements ou salaires des chaouchs attachés aux Justices de paix ;
Vu les propositions du Gouverneur général de l'Algérie ;
Le Conseil d'Etat entendu,

## DÉCRÈTE :

ARTICLE PREMIER. — La somme de seize mille deux cent trente francs (16,230 fr.), nécessaire au paiement des traitements ou salaires des chaouchs des Justices de paix du département d'Oran pendant l'année 1885, sera prélevée sur le crédit de vingt-trois mille trois cent trente-trois francs cinq centimes (29,333 fr. 05) inscrit au sous-chapitre XIII, art. 24. (Réserve pour dépenses diverses et imprévues du budget départemental d'Oran. — Exercice 1885).

ART. 2. — Le Ministre de l'Intérieur est chargé de l'exécution du présent décret.

Fait à Paris, le 27 février 1885.

POUR AMPLIATION :
*Le Directeur du Secrétariat et de la Comptabilité,*
H. ROUSSEAU.

CERTIFIÉ CONFORME :
*Le Chef du 6ᵉ Bureau du Gouvernement général,*
MANTENNE.

Signé : JULES GRÉVY.

*Par le Président de la République,*
*Le Ministre de l'Intérieur,*
Signé : WALDECK-ROUSSEAU.

## Le Président de la République Française,

Vu le décret du 23 septembre 1875, sur l'organisation des Conseils généraux de l'Algérie ;

Vu le décret du 26 août 1881, sur l'organisation administrative de l'Algérie ;

Vu le projet de budget des Recettes et des Dépenses du département d'Oran, pour l'exercice 1885 ;

Vu les délibérations prises par le Conseil général dans sa session d'octobre 1884 ;

Vu le décret rendu en Conseil d'État, en date de ce jour et prescrivant l'inscription d'office à l'article 22 du sous-chapitre 1er, d'une somme de seize mille deux cent trente francs (16,230 fr.) nécessaire au paiement, pendant l'année 1885, des traitements ou salaires des chaouchs attachés aux Justices de paix du département ;

Vu les propositions du Gouverneur général de l'Algérie ;

Sur le rapport du Ministre de l'Intérieur,

## DÉCRÈTE :

ARTICLE PREMIER. — Le Budget des Recettes et des Dépenses du département d'Oran, pour l'exercice 1885, est définitivement arrêté d'après les délibérations du Conseil général et le décret du 27 février sus-visé, conformément au tableau ci-annexé :

En RECETTES, à la somme de un million sept cent quatorze mille trois cent soixante-cinq francs (1,714,865 fr.).

Et en DÉPENSES, à un million sept cent neuf mille trois cent soixante-cinq francs (1,709,365 fr.),

SAVOIR :

### BUDGET ORDINAIRE :

| | |
|---|---|
| Recettes. | 1.709.365 fr. |
| Dépenses | 1.709.365 » |

### BUDGET EXTRAORDINAIRE :

| | |
|---|---|
| Recettes. | 5.000 » |
| Dépenses | » |
| EXCÉDANT DE RECETTES. | 5.000 » |

### RÉCAPITULATION :

| | |
|---|---|
| Total des Recettes | 1.714.365 » |
| Total des Dépenses | 1.709.365 » |
| EXCÉDANT DES RECETTES. | 5.000 » |

ART. 2. — Le Ministre de l'Intérieur est chargé de l'exécution du présent décret, qui sera inséré au *Bulletin officiel* du Gouvernement général de l'Algérie.

Fait à Paris, le 27 février 1885.

POUR AMPLIATION :
*Le Directeur du Secrétariat et de la Comptabilité,*
H. ROUSSEAU.

CERTIFIÉ CONFORME :
*Le Chef du 6e Bureau du Gouvernement général,*
MANTENNE.

Signé : JULES GREVY.

*Par le Président de la République,*
*Le Ministre de l'Intérieur,*
Signé : WALDECK-ROUSSEAU.